똑똑한 책꽂이 02

신비한 눈의 비밀

1판 4쇄 발행 2021년 12월 20일 | **1판 1쇄 발행** 2015년 09월 15일
쓰고 그림 스티브 젠킨스 | **옮긴이** 김상일 | **감수·추천** 전연숙(중앙대학교 안과 교수)
펴낸이 김상일 | **펴낸곳** 도서출판 키다리
출판등록 2004년 11월 3일 제406-2010-000095호
제조국 대한민국 | **사용연령** 8세 이상
주소 경기도 파주시 심학산로 10
전화 031-955-9860(대표), 031-955-9861(편집) | **팩스** 031-624-1601
이메일 kidaribook@naver.com | **블로그** http://blog.naver.com/kidaribook
ISBN 979-11-5785-051-8 (73490)

EYE TO EYE : HOW ANIMALS SEE THE WORLD by Steve Jenkins
Copyright ⓒ 2014 by Steve Jenkins
All rights reserved.
This Korean edition was published by KIDARY Publishing Co. in 2015 by special arrangement with Houghton Mifflin Harcourt Publishing Company through KCC(Korea Copyright Center Inc.), Seoul.

• 이 책의 한국어판 저작권은 (주)한국저작권센터(KCC)를 통한 저작권자와의 독점 계약으로 키다리 출판사에 있습니다.
• 저작권법에 의해 한국 내에서 보호를 받는 저작물이므로 무단전재 및 복제를 금합니다.
• 잘못된 책은 구매하신 곳에서 교환할 수 있습니다.

신비한 눈의 비밀

글·그림 **스티브 젠킨스** | 옮김 **김상일** | 감수·추천 **전연숙**(중앙대학교 안과 교수)

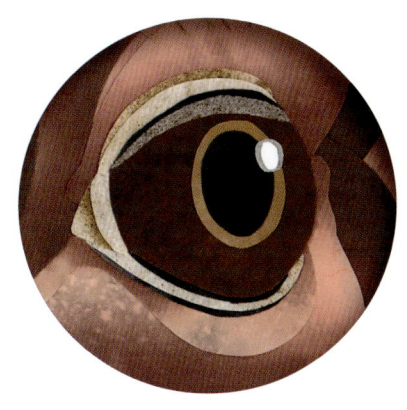

킨더리

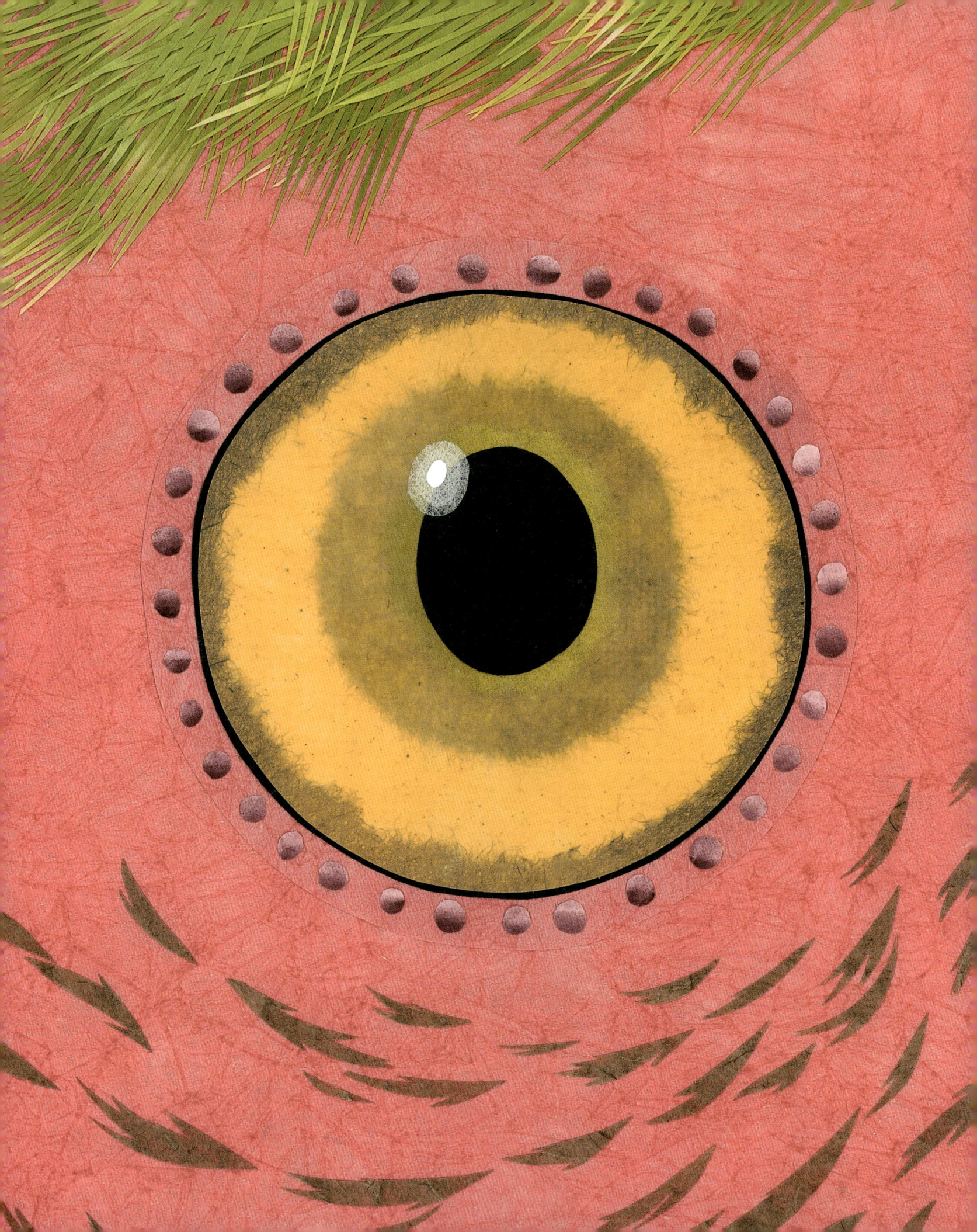

대부분의 동물들은 자기 주변에서 무엇이 움직이고 있는지를 감지하기 위해 다른 어떤 감각보다도 시각을 많이 사용해요. 동물에게 눈은 곧 세상과 연결되는 가장 중요한 감각기관이지요.

볼 수 있게 됨으로써 의사소통이 가능해지고, 먹을 것을 찾을 수 있게 되고, 포식자로부터 도망갈 수 있으며, 짝을 찾을 수 있게 되었어요. 지구상 어디에든 동물은 존재하지요. 깊은 대양에서부터 만년설로 뒤덮인 고산 지대까지 말입니다. 동물들은 눈과 그 눈을 사용하는 방법을 특별하면서도 다양하게 발달시켜 왔어요. 일부 생명체는 하루 종일 소리만 낼 뿐 아무런 동작도 하지 못하기도 하지만 어떤 생명체는 사람이 볼 수 없는 색깔을 보거나, 매우 먼 거리에 있는 먹잇감을 감지할 수 있는 시력을 가지고 있기도 해요. 또는 사람이 완벽한 어둠이라고 느끼는 공간에서조차 자유자재로 활동하기도 하지요.

여러분, 지금부터 책장을 한 장씩 넘겨 보세요. 그러면 100개 넘는 눈을 가진 동물을 비롯하여 한 눈으로 동시에 두 방향을 볼 수 있는 눈을 가진 동물 그리고 농구공 또는 그보다 더 큰 눈알을 가진 동물의 눈을 만나게 될 거예요.

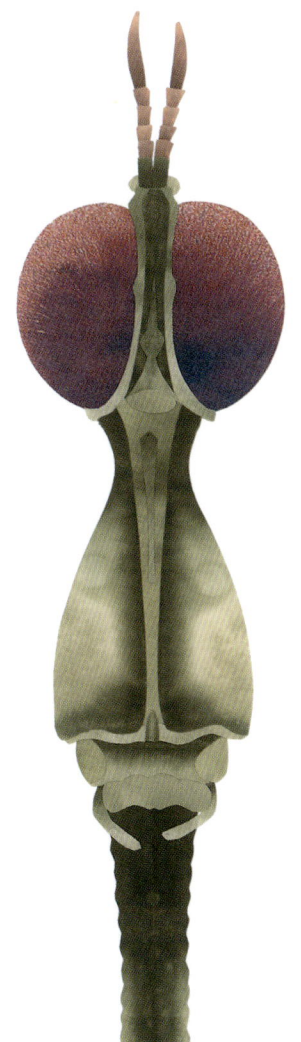

붉은왕관아마존앵무는 색시각이 잘 발달했어요. 그래서 먹이가 되는 과일이나 꽃을 찾는 데 매우 편리해요.(왼쪽)
돌출한 눈을 가진 **대벌레**는 메뚜기의 한 종류인데, 한 번에 여러 방향을 볼 수 있어요.(오른쪽)

최초의 눈

태양이 없다면 지구상에 생명이 존재할 수 없을 거예요. 지구가 생겨난 초창기에 태양은 지구를 따뜻하게 덥혀 주고 빛으로 감싸 주었어요. 지구상에 나타난 최초의 생명체는 태양의 열과 빛에 의존하며 큰 바다를 떠도는 아주 작은 유기체였어요.

오늘날 주변에서 볼 수 있는 식물들처럼 최초의 유기생명체는 햇빛을 흡수하여 음식을 생산하는 데 사용하였어요. 그러나 이 살아 있는 유기체들은 약 30억 년 동안 앞을 볼 수 없는 장님이었어요. 오로지 촉감과 맛에 의존하여 물체를 인지하였답니다.

그로부터 6억 년이 흘러서야 일부 생명체는 -오늘날 지구상에 살고 있는 해파리나 해면동물들의 조상뻘되는- 아주 중요한 새 능력을

눈의 네 가지 종류

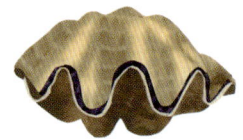

가장 단순한 눈은 **안점**으로 알려진 감광세포의 한 무리입니다. 이런 형태의 눈은 상(물체의 모습)을 형성하지 못하고 빛만 감지할 뿐이에요. 불가사리가 그런 것처럼 일부 벌레들은 대개 각 다리 끝 지점에 안점을 가지고 있어요.

대왕조개는 무수히 많고 매우 작은 **바늘구멍눈**을 가지고 있어요. 각각의 바늘구멍 틈새에 빛이 들어오면 바늘구멍눈은 초점을 맞추게 돼요. 바늘구멍눈은 물체의 상을 비교적 상세하게 맺을 수 있지만 다량의 빛이 들어오는 것을 차단하기 때문에 겹눈이나 카메라눈에 의해 만들어진 상에 비하면 희미합니다.

얻게 되었지요. 드디어 볼 수 있는 최초의 동물이 되었답니다. 그들의 눈은 아주 단순하게 빛을 느낄 수 있는 감광세포의 집합체이지만, 이는 이 동물들에게 큰 장점이 되었어요. 이들은 포식자의 그림자를 감지하여 안전한 곳으로 피할 수 있게 된 반면, 전혀 볼 수 없는 생명체들은 대부분 포식자의 밥이 되고 말았지요.

다시 수많은 시간이 흐르면서 눈은 점진적으로 발달해 갔어요. 고도로 발달한 시각계가 나타나기 시작했는데, 색을 분간하고 훨씬 선명한 상(물체의 모습)을 볼 수 있게 되었어요. 눈과 보는 방법은 점점 더 다양해졌어요. 오늘날 동물 눈의 종류는 매우 다양하지만, 기본적으로 네 가지 눈의 형태에서 변형된 것이라 할 수 있어요.

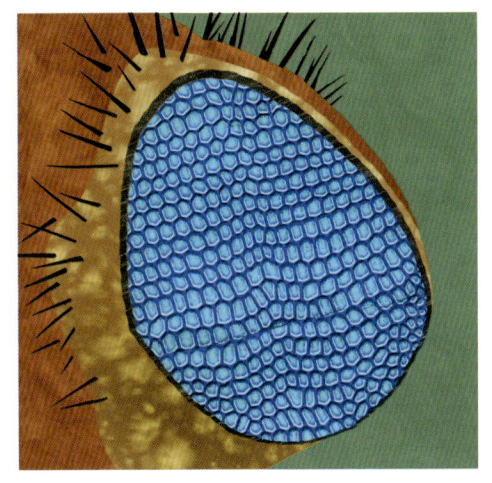

잠자리나 절지동물들은 **겹눈**을 가지고 있어요. 겹눈은 수백 또는 수천 개의 수정체로 구성되어 있어요. 일부 동물에서는 각 수정체의 면들이 각각 분리된 상을 형성하기도 하고, 어떤 종류들은 이 상들을 모아 하나의 상으로 만들어 내기도 합니다.

카메라눈은 수정체를 통해 망막이라는 매우 예민한 감각기관에 초점을 맞혀요. 모든 종류의 조류, 파충류, 양서류 그리고 인간을 포함한 포유류는 카메라눈을 가지고 있어요. 또한 문어, 상자해파리 그리고 일부 다른 동물들도 카메라눈을 가지고 있어요.

모든 눈은 광수용기라고 불리는 세포를 가지고 있어요. 이 세포는 받아들인 빛이 무엇인지 동물의 뇌가 알 수 있도록 신호로 바꾸는 역할을 해요. 카메라눈에서는 망막에 광수용기가 있답니다.

빛에서 멀어지다

바다달팽이(sea slug)의 안점은 빛을 감지할 수는 있지만 물체의 상을 만들어 내지 못하고, 자신의 화려한 색깔도 인지할 수 없어요. 이런 종류의 눈은 수백만 년에 걸쳐 주변 어느 곳에나 있어 왔어요.

먼저 주변을 한번 휙 둘러볼 거야

정원달팽이(garden snail)의 눈은 두 개의 기다란 더듬이 끝에 있어서, 끈적이는 머리 부분을 등껍질 밖으로 내밀지 않아도 어떤 방향이든 볼 수 있답니다. 달팽이의 눈은 물체의 상을 분석할 수는 있지만 주로 빛을 탐지하는 정도로만 기능을 해요. 새나 기타 다른 포식자들의 그림자를 알아차림으로 해서 생존 가능성이 높아지지요.

바늘구멍눈

앵무조개류의 동물들은 500만 년에 걸쳐 지구상에 존재해 왔어요. 이들이 가진 바늘구멍눈은 물체나 다른 동물을 구분할 수는 있지만, 그 물체가 어느 정도 크고 아주 가까이 있어야 가능해요. 이런 눈에는 수정체가 없어서 동공(눈동자)의 안과 밖으로 물이 흘러 다녀요.

눈이 몇 개

대서양에 서식하는 **대서양 해만가리비**(atlantic bay scallop)는 **푸른눈가리비**(blue-eyed scallop)로도 알려져 있어요. 이 가리비는 여러 개의 파란색 눈알이 두 줄을 지어 있는데, 빛에는 물론이고 물체의 움직임에도 민감하게 작용하여 어떤 위험이 닥쳤을 때 입을 딱 다물도록 해 줍니다. 가리비마다 눈알의 개수가 다양한데, 무려 111개의 눈알을 가진 가리비가 발견된 적도 있어요.

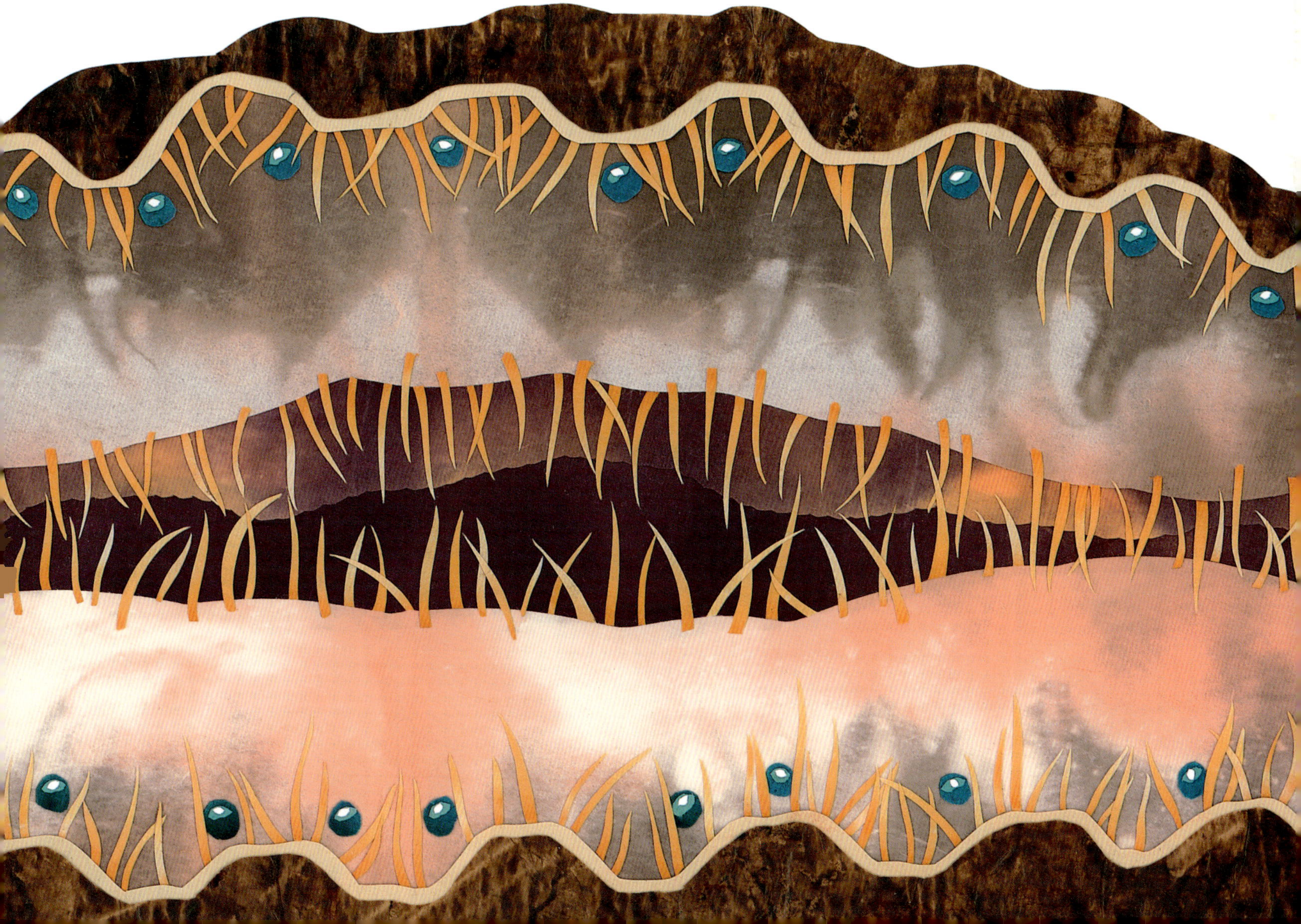

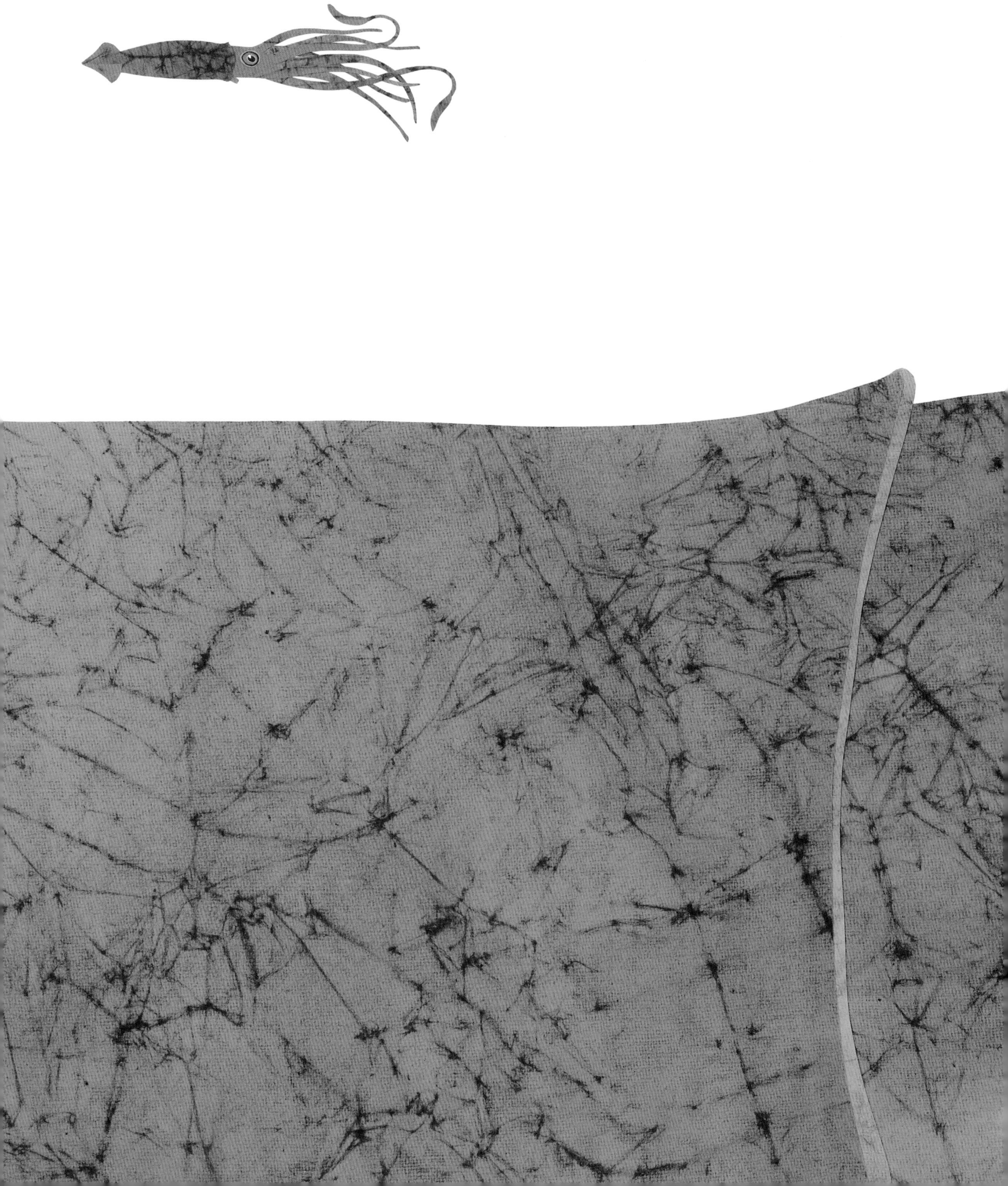

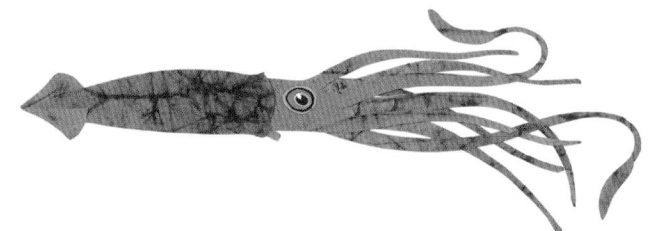

가장 큰 눈

남극하트지느러미오징어(colossal squid)는 거의 농구공만 한 크기의 눈을 가지고 있어요. 이 오징어가 살고 있는 심해는 완벽한 암흑의 세계입니다. 하지만 거대한 눈은 물속에 있는 매우 작은 생체발광 생명체가 발생시키는 빛도 감지할 수 있어요. 그래서 남극하트지느러미오징어의 최대 적인 향유고래가 가까이 다가와도 위험으로부터 벗어날 수 있답니다.

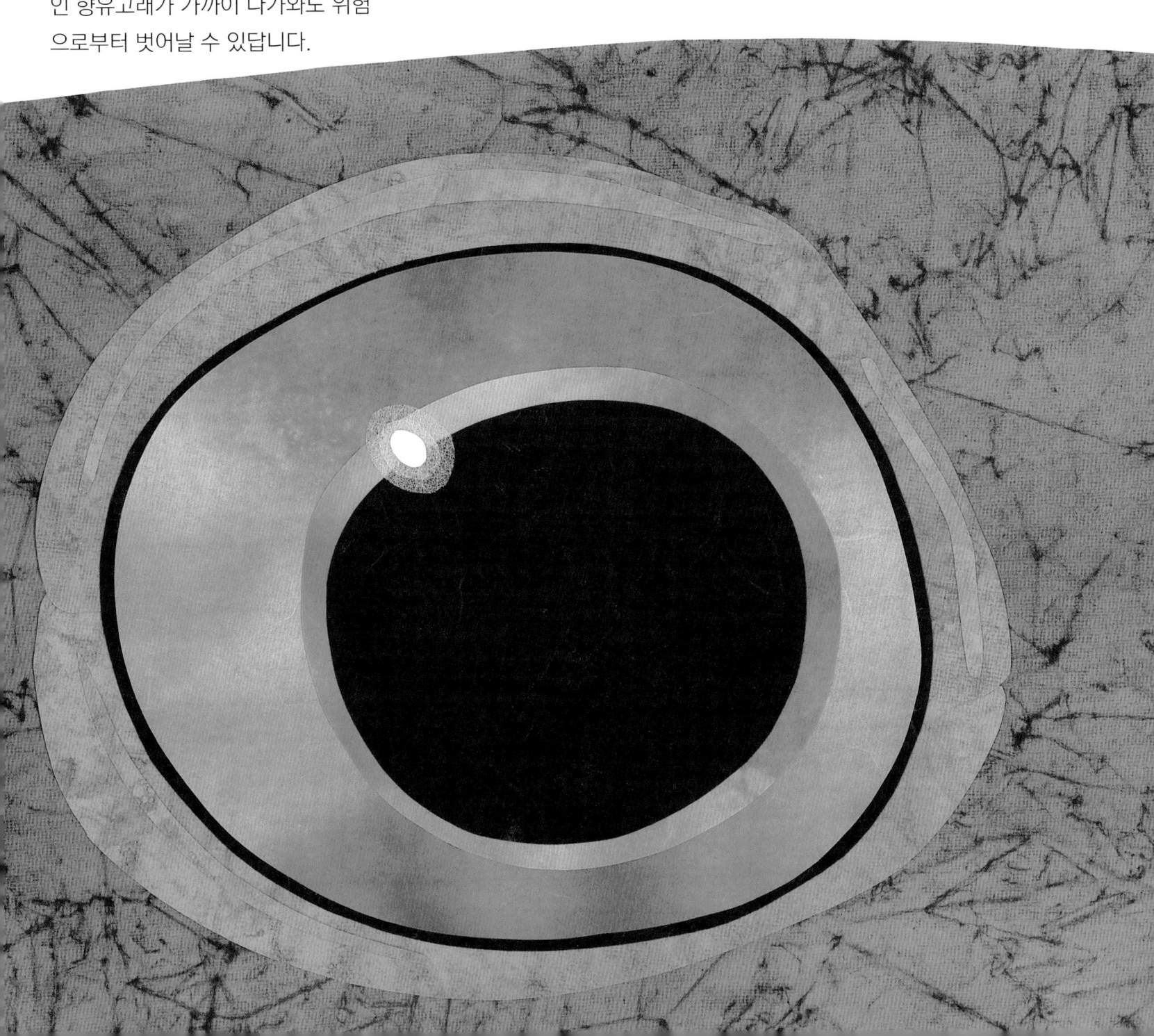

움직이는 목표물

황소개구리(bullfrog)는 움직임이 없는 물체를 볼 수 없는 것 같아요. 황소개구리는 곤충을 잡아먹긴 하지만, 꼼짝도 않는 파리와만 마주하게 된다면 굶어죽게 될지도 모를 일이에요. 개구리의 눈은 먹잇감을 삼킬 수 있도록 도와주어요. 두 눈으로 파리의 머리에 있는 구멍을 아래로 짓눌러 죽인 후에 목구멍 안으로 먹잇감을 밀어넣어요.

크기가 문제

대눈파리(stalk-eyed fly)는 알을 낳자마자 머리 부분에서 삐죽이 돌출한 한 쌍의 줄기 속으로 공기를 퍼올리기 시작해요. 줄기의 양쪽 끝 부분에는 겹눈이 있는데, 이 줄기는 아주 조금씩 자라서 자리를 잡고 고정되어요. 두 마리의 수컷 대눈파리는 이 줄기로 경쟁하듯 암컷을 유인한답니다. 결과는 항상 더 기다란 줄기를 가진 쪽이 승리하기 마련입니다.

보이지 않는 것을 보기

블루마운틴 호랑나비(blue mountain swallowtail butterfly)는 사람이 볼 수 있는 대부분의 색깔은 물론 사람이 보지 못하는 색깔까지 볼 수 있어요. 이 나비의 겹눈은 사람이 볼 수 없는 고주파 빛인 자외선에도 민감하게 반응해요. 많은 종류의 꽃들은 오직 자외선으로만 볼 수 있는 무늬나 형태를 보여 줌으로써 나비를 유인하지요. 이런 곤충들의 눈은 매우 넓은 범위의 시각을 제공하는데, 거의 360도에 가까운 범위를 볼 수 있어요.

너, 점점 따뜻해지고 있군

녹색살무사(green pit viper)의 머리 부분에는, 먹잇감이 될 새나 포유류에서 나오는 체온을 '볼 수 있는' 일종의 열 감지 기관 한 쌍이 있어요. 복사열 또는 적외선은 사람이 볼 수 없는 빛의 일종입니다. 이 기관은 보통의 감각이라는 기준에서 보면 눈은 아니에요. 하지만 뱀은 이 기관을 이용하여 따뜻한 피를 가진 먹잇감의 형태를 감지한답니다. 사람이 완전한 어둠이라고 느끼는 공간에서조차 말입니다.

보이면 바로 사냥 시작

깡충거미(파리잡이거미, jumping spider)는 타고난 사냥꾼으로, 여덟 개의 눈을 사용하여 먹이를 찾고 사냥할 수 있어요. 머리의 양 옆쪽에는 물체의 움직임을 감지하는 두 쌍의 눈을 각각 가지고 있어요(옆 그림에서는 8개의 눈을 다 표현하지 못했어요). 머리 앞쪽에 있는 한 쌍의 눈은 거리감을 제공해요. 그리고 얼굴 중간에 있는 두 개의 큰 눈으로는 물체의 모양을 좀 더 상세하게 볼 수 있는데, 다른 어떤 거미의 시각보다 예리하지요.

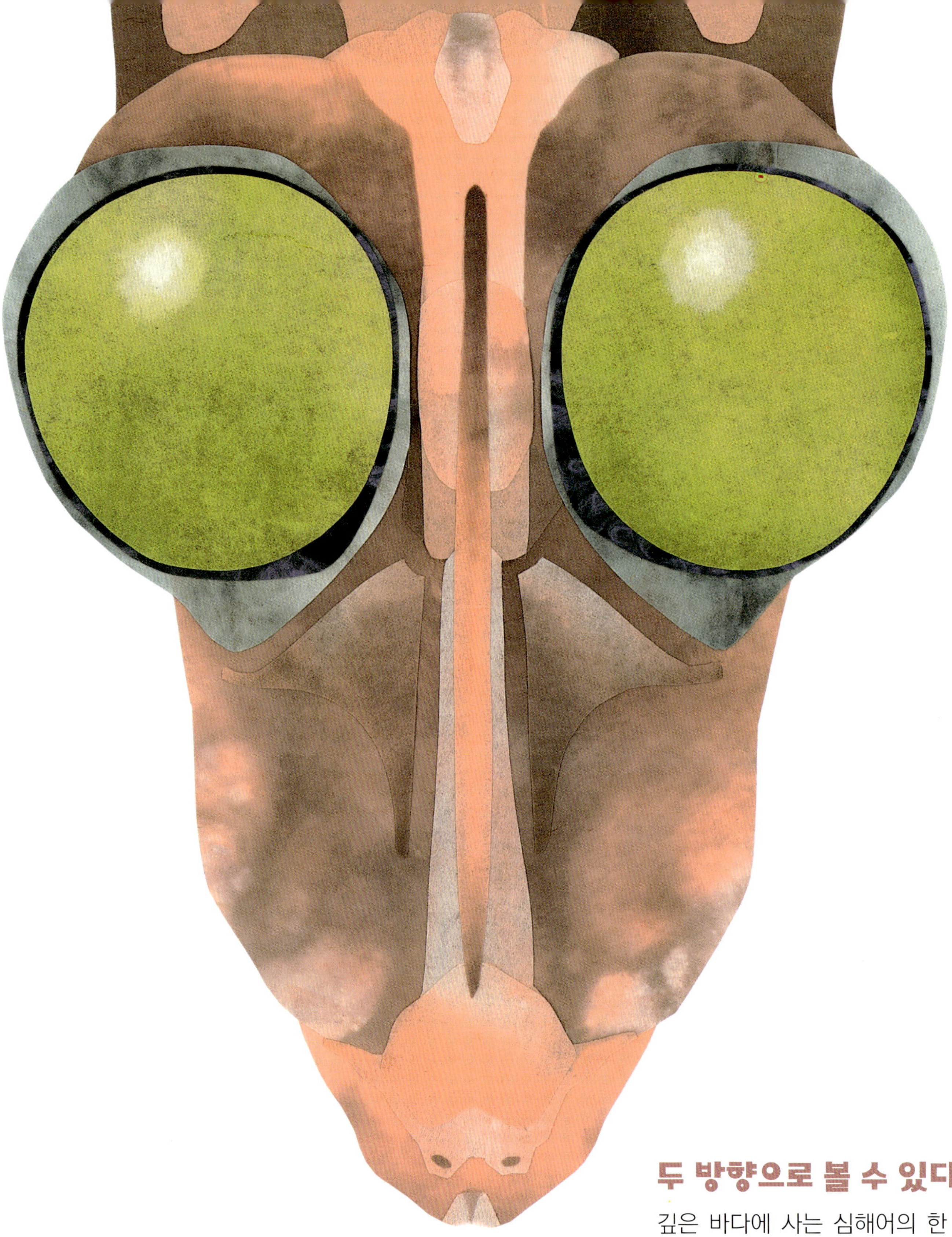

두 방향으로 볼 수 있다고

깊은 바다에 사는 심해어의 한 종류인 **브라운스나웃 스푸크피시**(brownsnout spookfish)의 눈은 두 부분으로 나뉘어 있어요. 한쪽은 먹잇감을 찾기 위해 수면을 향하여 응시하고 있고, 다른 부분은 어두운 아래쪽 어딘가에 숨어 있는 천적을 감시하고 있지요.

눈이 세 개

지금까지 살아남은 고생대의 파충류 일종으로, 살아 있는 화석으로 불리는 **투아타라**(tuatara)는 두 개의 눈 외에도 머리 앞쪽에 세 번째 눈을 가지고 있어요. 하지만 이 눈은 빛에는 반응하지만 물체의 모양을 인식하지 못해요.

위쪽만 보아요

대부분의 어류와 마찬가지로 어린 **넙치** 역시 몸 양편으로 눈을 한 개씩 가지고 있어요.

하지만 점점 나이가 들어 가면서 한쪽 눈이 머리 맨 꼭대기 쪽으로 이동해요. 그러다가 결국 두 개의 눈이 몸 한쪽으로 몰리게 되지요. 어른이 된 넙치는 평생 바다 밑바닥에 납작하게 엎드려 지내게 되는데, 이렇듯 눈이 한쪽으로 몰리는 것은 두 눈이 바다 밑바닥으로부터 멀리 떨어진 바다의 표면을 향하게 된다는 것을 의미하지요.

위, 아래, 옆, 아래

팬서카멜레온(panther chameleon)은 독립적으로 눈을 움직이고 초점을 맞출 수 있어요. 동시에 두 방향을 바라볼 수 있는데, 이는 먹잇감을 찾는 동시에 천적으로부터 자신을 보호하기 위한 것이지요.

360도 회전

달랑게(ghost crab)의 겹눈은 회전이 가능한 길쭉한 대 위에 자리하고 있어요. 게의 시력은 매우 예민해서 날아다니는 곤충의 움직임을 쫓아 초점을 맞출 수 있기 때문에 공중에 있는 먹잇감도 잡아챌 수 있지요. 또한 여러 방향에서 다가오는 천적의 움직임도 감시할 수 있답니다.

이봐, 내가 널 보고 있다고

가비알악어(gharial)는 물속에 몸 대부분을 담근 채 눈만 밖으로 빼꼼히 내놓고 있어요. 물 표면으로 떠오르는 물고기를 잡아먹기 위해 기다리고 또 기다리지요. 물고기 한 마리가 헤엄쳐 다가오면 악어는 갑작스럽게 턱으로 쓸어 담듯이 고기를 낚아채 버린답니다.

사냥꾼의 눈

집고양이(housecat)의 눈 뒤쪽에는 벽판이라고 하는 반사막이 있어요. 이 막은 고양이의 망막에 들어온 빛을 다시 반사시켜 어두움 속에서도 시력을 좋게 만드는 역할을 해요. 대부분의 포식자들처럼 고양이 역시 눈이 앞쪽을 바라볼 수 있게 되어 있어요. 이러한 눈의 위치는 두 개의 눈이 바라보는 범위를 겹치게 함으로써 거리를 더 잘 판단하게 만들어요. 이것이 능숙한 사냥꾼의 중요한 무기가 되지요.

고글을 장착했다고

하마(hippopotamus)는 대부분의 시간을 강이나 호수에서 보내요. 물속에서도 매우 좋은 시력을 유지하는데, 아주 특별한 투명막이 눈을 보호하기 때문이에요. 대부분의 초식동물과 마찬가지로 하마 역시 머리 양쪽에 눈이 한 개씩 있어요. 이는 사자와 같은 포식자들을 감시할 수 있는 넓은 시야를 확보하는 데 좋답니다.

눈이 지퍼처럼 될지도 몰라

표범도마뱀붙이(leopard gecko)는 밤에 활동하는 동물로, 어둠 속에서도 잘 볼 수 있어요. 만약 이 도마뱀이 낮에 돌아다닌다면, 밝은 태양빛으로부터 민감한 눈을 보호하기 위해 눈동자가 지퍼 모양의 틈으로 줄어들어 버릴 거예요.

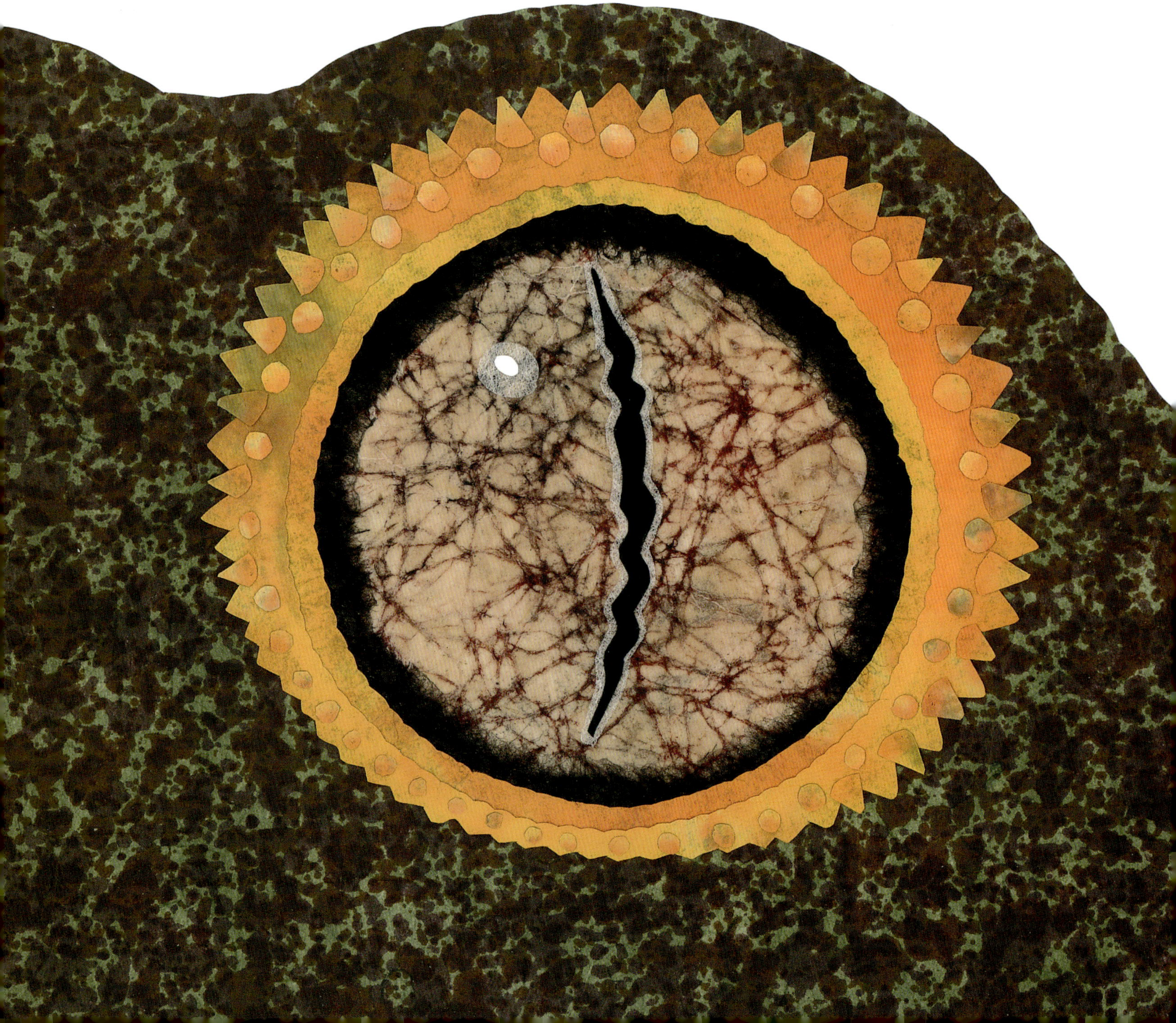

특대 크기의 둥근 눈

포유류 중 몸의 크기에 비해 눈의 크기가 가장 큰 동물은 **안경원숭이**(tarsier)예요. 눈알의 크기가 뇌보다도 더 크지요. 이런 커다란 눈을 이용해서 밤에도 쉽게 사냥할 수 있답니다.

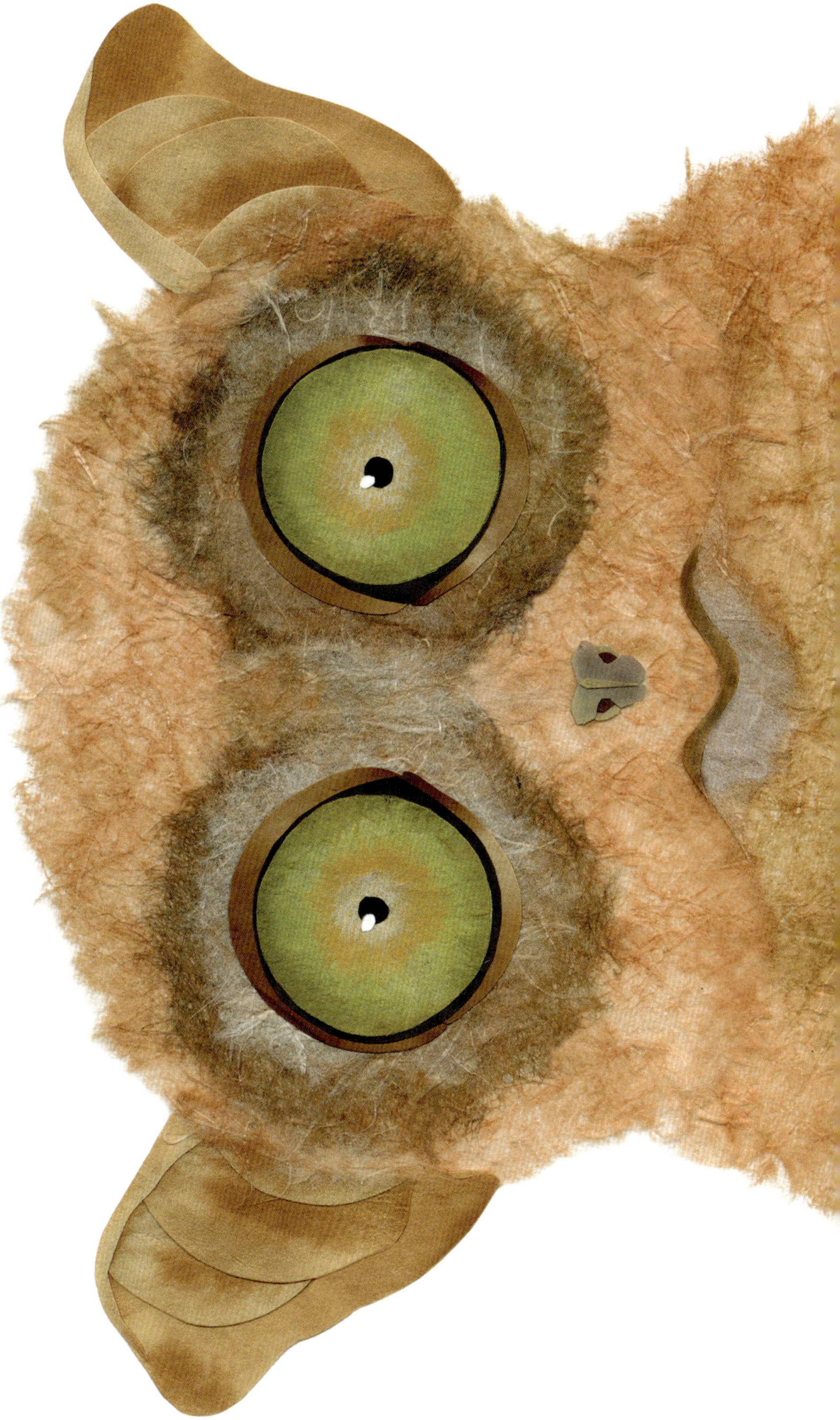

무지개색 시각

갯가재(mantis shrimp)는 동물계에서 가장 발달한 눈을 가지고 있어요. 사람 눈보다 색깔에 훨씬 더 민감하지요. 또한 다른 생명체들이 감지하지 못하는 빛까지 감지할 수 있어요. 이와 같이 좋은 시각 덕분에 갯가재는 형형색색의 산호초 속에 숨어 있는 먹잇감을 쉽게 찾을 수 있을 뿐 아니라 천적으로부터 자신을 보호할 수 있어요.

예리한 눈의 사냥꾼

말똥가리(Eurasian buzzard)는 어느 동물보다 예리한 시력을 가지고 있어요. 사람의 시력보다 무려 여덟 배 더 정확한데, 약 3킬로미터 떨어진 토끼 굴을 정확하게 관찰할 수 있는 정도입니다.

눈의 진화

단순한 안점에서부터 매우 정교한 카메라눈에 이르기까지 다양한 진화 단계를 오늘날 지구상에 존재하는 동물들로부터 찾아 볼 수 있어요.

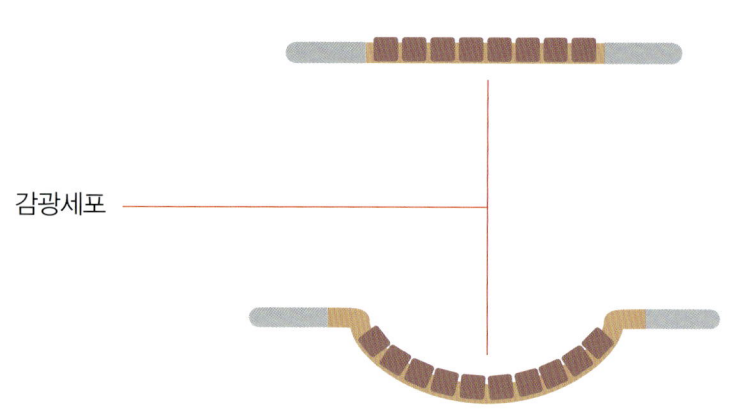

감광세포

불가사리

초기 동물의 눈은 아주 얇은 감광세포(빛을 느끼게 해 주는 세포)의 층인 **안점**이었어요. 이런 종류의 눈은 지금도 일부 하등동물에서 발견되는데, 어두운 곳에서 빛을 분간하는 정도입니다.

안배 안에 있는 감광세포의 층이 뒤로 꺼지게 되면 정면을 제외한 다른 방향에서 들어오는 빛은 좀 더 밝은 부분과 어두운 부분이 생기게 돼요. 이로써 빛이 어느 방향에서 오는지를 알게 됩니다.

먹장어

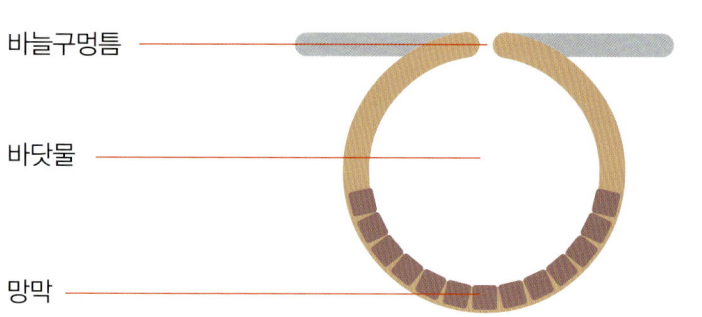

바늘구멍틈
바닷물
망막

바늘구멍눈에서는 안배가 거의 닫혀 있어요. 마치 핀홀 카메라처럼 하나의 작은 틈이 눈으로 들어오는 빛에 초점을 맞추고 물체의 상을 맺게 합니다.

앵무조개

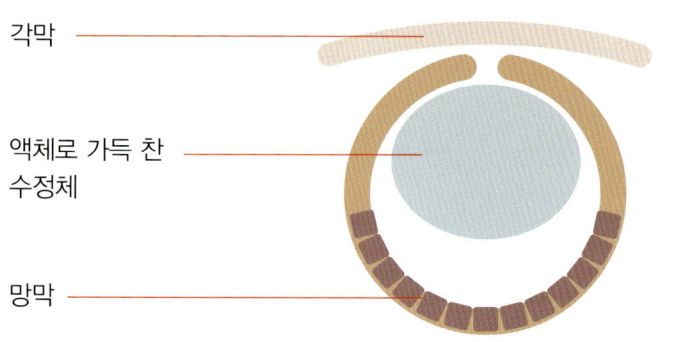

각막
액체로 가득 찬 수정체
망막

원시적인 형태의 수정체는 빛에 초점을 맞출 수 있는 액체가 가득 찬 주머니를 포함하고 있어요. 이 눈은 각막이라고 하는 반투명의 얇은 조직층으로 덮여 있어요.

바다달팽이

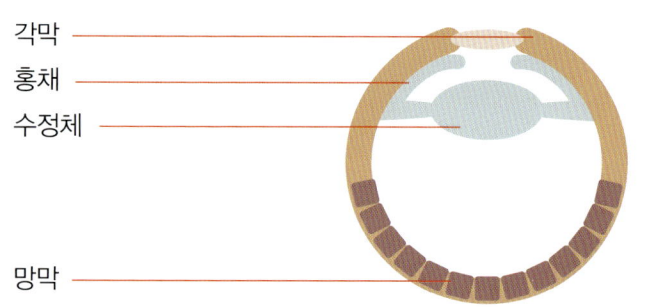

각막
홍채
수정체
망막

카메라눈에는 투명한 각막과 다른 거리에 있는 물체에 초점을 맞출 수 있도록 모양과 위치를 변화시킬 수 있는 단단한 수정체가 있어요.

개

책에 나오는 동물들

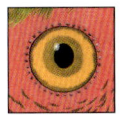
붉은왕관아마존앵무
몸길이 : 약 33센티미터
서식지 : 북동 멕시코, 플로리다, 캘리포니아, 텍사스
먹이 : 씨앗, 과일, 꽃

대벌레
몸길이 : 76센티미터
서식지 : 중앙아메리카, 서남 아메리카 대륙
먹이 : 나뭇잎, 과즙

바다달팽이
몸길이 : 6.5센티미터
서식지 : 캐리비안 연안, 유럽의 대서양 연안
먹이 : 말미잘

정원달팽이
몸길이 : 3.8센티미터
서식지 : 지구상 온화한 곳 어디나
먹이 : 채소, 풀, 과실수, 꽃

앵무조개
몸길이 : 20센티미터
서식지 : 인도양·서태평양 해역
먹이 : 게, 새우, 물고기

대서양 해만가리비
몸길이 : 2.5~7.5센티미터
서식지 : 북미 대륙 연안 해역
먹이 : 동물성 플랑크톤

남극하트지느러미오징어
몸길이 : 14미터
서식지 : 남극해의 심해
먹이 : 물고기와 다른 오징어

황소개구리
몸길이 : 13센티미터
서식지 : 미국, 유럽, 중국 등지의 연못과 습지
먹이 : 곤충, 작은 파충류, 개구리

대눈파리
몸길이 : 1.3센티미터
서식지 : 아시아, 아프리카
먹이 : 곰팡이류, 박테리아

블루마운틴 호랑나비
몸길이 : 14센티미터
서식지 : 북동 오스트레일리아, 뉴기니
먹이 : 꽃이나 나무의 과즙

녹색살무사
몸길이 : 60센티미터
서식지 : 동남아시아의 밀림
먹이 : 새, 도마뱀, 개구리

깡충거미
몸길이 : 1~22밀리미터
서식지 : 극지방을 제외한 전 지역
먹이 : 곤충이나 다른 거미

브라운스나웃 스푸크피시
몸길이 : 18센티미터
서식지 : 대서양·태평양의 심해
먹이 : 새우, 작은 수중동물

투아타라
몸길이 : 76센티미터
서식지 : 뉴질랜드
먹이 : 개구리, 도마뱀, 알, 새 등

넙치
몸길이 : 2.5미터까지
서식지 : 북대서양, 태평양
먹이 : 게, 새우, 문어, 물고기

팬서카멜레온
몸길이 : 46센티미터
서식지 : 마다가스카르의 숲
먹이 : 곤충

달랑게
몸길이 : 5센티미터
서식지 : 전 세계 온대와 열대 지방의 모래 해변
먹이 : 조개, 게, 작은 무척추동물

가비알악어
몸길이 : 6미터
서식지 : 북인도와 네팔의 강
먹이 : 물고기, 개구리, 가재

집고양이
몸길이 : 46센티미터
서식지 : 사람이 사는 곳 어디나
먹이 : 고기, 새, 작은 포유류

하마
몸무게 : 2700킬로그램
서식지 : 중앙아프리카, 남아프리카의 강과 호수
먹이 : 풀과 수초

표범도마뱀붙이
몸무게 : 25센티미터
서식지 : 남아시아의 건조한 지역
먹이 : 곤충과 벌레

안경원숭이
몸길이 : 15센티미터
서식지 : 동남아시아
먹이 : 작은 파충류나 새

갯가재
몸길이 : 30센티미터
서식지 : 전 세계 열대와 아열대의 얕은 바다
먹이 : 물고기, 게, 새우, 조개류

말똥가리
날개길이 : 122센티미터
서식지 : 유럽의 숲
먹이 : 작은 포유류와 새

용어 해설

절지동물
등뼈가 없는 무척추동물 중 몸이 딱딱한 외골격으로 싸여 있으며, 몸과 다리에 마디가 있는 동물 무리. 곤충, 거미, 전갈, 게, 새우 등이 속한다.

생체발광(생물발광)
다른 것의 도움 없이, 살아 있는 물체가 스스로 빛을 발생시키는 것을 말함. 개똥벌레를 생각하면 쉽게 이해된다.

각막
눈 가장 앞부분의 투명한 막으로, 각막의 곡면은 물체의 상이 맺히도록 빛을 굴절시킨다.

홍채
눈에서 색깔이 있는 부분으로, 동공의 크기를 제어하는 안구 앞쪽에 있는 얇은 층이다. 눈으로 들어오는 빛의 양을 조절하는 조리개 역할을 한다.

수정체
눈 안에 있는 양면이 볼록한 렌즈 모양의 투명한 조직으로, 빛을 망막에 전달시키기 위하여 모양과 위치를 변화시킨다.

동공
빛이 눈으로 들어오는 구멍으로, 홍채 안쪽 중심에 비어 있는 공간이다. 동공의 크기에 따라 눈알로 들어오는 빛의 양이 결정된다.

광수용기 세포
생물체가 빛의 자극을 받아들이는 기관으로, 빛을 신경 신호로 전환하는 역할을 한다.
진화한 눈에는 대개 두 가지 형태의 광수용기 세포가 있는데, 간상체와 추상체라고 한다. 간상체는 약한 빛에 민감하지만 색을 구분하지는 못한다. 반면에 추상체는 색깔을 담당한다. 동물의 눈마다 간상체 종류는 제각각인데 개는 두 개, 사람은 세 개, 새나 어류는 네 개를 가지고 있고 새우는 무려 열두 개를 가지고 있다.

망막
눈알 가장 안쪽에 있는 빛에 민감한 신경조직으로, 이곳에 간상체와 추상체가 있다. 빛에 대한 정보를 뇌가 판단할 수 있는 신경 자극으로 변환하는 역할을 한다.

벽판(반사막, 융단 조직)
약한 빛 속에서도 시감도(잘 보일 수 있게 하는 정도)를 증가시켜 주는 망막 뒤쪽에 있는 거울과 같은 막이다. 물고기, 파충류, 포유류(인간에게는 해당 없음)에서 발견되는데, 빛을 비추면 어두움 속에서 고양이 눈이 빛나는 것이 바로 벽판 때문이다.

자외선
태양광 중에서 가시광선(사람이 볼 수 있는 빛)보다 높은 에너지와 짧은 파장을 가진 빛이다. 사람의 피부를 태우거나 살균 작용을 하지만, 지나치게 자외선을 많이 받으면 건강에 좋지 않다. 사람은 볼 수 없지만 다양한 종류의 새, 곤충, 물고기들은 자외선을 볼 수 있다.

글·그림 스티브 젠킨스

1952년 미국 노스캐롤라이나에서 태어났다. 어렸을 때부터 도마뱀·거북 같은 동물을 키우고, 암석과 화석을 수집하고, 온갖 실험을 하는 등 과학에 관심이 많았다. 그래픽 디자인을 공부했으며, 독특하면서도 사실적인 콜라주 기법으로 다양한 정보 그림책을 펴냈다. 칼데콧상, 혼북상 등을 수상했으며, 《뼈》, 《움직여 봐!》 등 많은 책이 독자들의 사랑을 받고 있다.

옮김 김상일

어린이책을 만드는 일을 하고 있다. 현재 키다리출판사의 발행인으로, 그림책 번역 및 다양한 분야의 어린이책을 기획하고 만드는 일을 하고 있다.